# Duilleoga Draíochta

## Maria Ní Mhurchú

**AN SAGART**
An Díseart
An Daingean
2008

# Filíocht do Dhéagóirí

Is dóibh seo a leanas a chuireann gliondar ar mo chroí an leabhar filíochta seo…

Jack, Kate agus Tom

Ciara, Emma, Allie agus Jackie

Nóra, Mary agus Seán

Paddy agus Ned

agus Líle


grá mo chroí iad uile

An Chéad Chló 2008
© Maria Ní Mhurchú

Gach ceart ar cosnamh

**ISBN 1 903896 44 4**

Foilsíodh an leabhar seo le tacaíocht airgid ó
Bhord na Leabhar Gaeilge agus
ó Fhoras na Gaeilge.

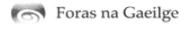 Foras na Gaeilge

**Clúdach: Maria Ní Mhurchú**
**Dearadh: Maria Ní Mhurchú**
**Clódóirí: Colourbooks Ltd**

3

# RÉAMHRÁ

Nuair a d'iarr an tAthair Pádraig orm réamhrá a scríobh dom' leabhar Duilleoga Draíochta, caithfidh mé a admháil go rabhas á chur ar an méir fhada, mar go raibh a raibh le rá agam, ráite. Ach bhí dul amú orm. Táim ag scríobh don teilifís agus don stáitse le blianta fada agus duaiseanna buaite agam dá réir. Fuaireas deis freastal ar cheardlann le Nuala Ní Dhomhnaill sa bhliain 2005 agus is ansan a chuireas aithne ar an tAthair Pádraig. Ní raibh dánta á scríobh agam ag an uair. Bhíos tar éis dráma a scríobh ina bhfuil seasca leathanach. Léas cuid de ag an gceardlann agus dúirt an tAthair Pádraig liom go mbeadh spéis aige an dráma ar fad a léamh. Mhol sé dom dráma radió a dhéanamh as, rud a dheineas. Craoladh é ar Sunday Playhouse cúpla bliain ó shoin.

Pé scéal é, bhí nach mór gach éinne sa cheardlann ag scríobh filíochta agus dúrt liom féin go dtabharfainn fé dhán a scríobh. Tá taithí mhaith agam ar an ngalar dubhach agus is air sin a scríobhas an chéad dán. Cheap an tAthair Pádraig go raibh an dán ar fheabhas agus bhíos thar a bheith sásta.

Tar éis do Bhord na Leabhar Gaeilge glacadh liom ar scéim oiliúna faoin Athair Pádraig, thosnaíos ag scríobh dánta ar dalladh. Bhunaíomar beirt córas. Scríobhainn dán nach mór gach lá agus sheolainn ar aghaidh an dán chuig an tAthair Pádraig i bhfoirm ríomhphoist. Léadh sé é agus thabharfadh sé treoir dom ar cad a cheart dom a dhéanamh agus na rialacha a cheart dom a leanúint. Mhol sé poncaíocht de shaghas áirithe agus mhol sé cloí leis, go háirithe toisc go rabhas ag díriú ar dhéagóirí agus go mb'fhéidir go n-úsáidfidís an leabhar ar scoil.

Sea! Leabhar! Nach mé atá bródúil as, Duilleoga Draíochta. Dánta as Gaeilge is mó le cinn as Béarla ag teacht chuig deireadh an leabhair. Dánta mar gheall ar an ngrá is an ghruaim, mar gheall ar dhaoine óga agus seandaoine, mar gheall ar chairdeas agus naimhdeas, dánta fén ngalar dubhach, dán amháin mar gheall ar fhocail agus ar aghaidh leis mar sin.

Tá súil agam go mbainfidh tú taithneamh as an cnuasach seo. Táim an-bhuíoch don Athair Pádraig is do Nuala agus do na daoine go léir ar thána trasna orthu agus mé i mbun pinn. Teastaíonn uaim buíochas speisialta a ghabháil le mo chlann. Is iad is fearr ar domhan iad, dar liom.

Mar fhocal scoir, is ar coimisiún ón tionscadal bunscoile *Séideán Sí* a scríobhadh na dánta seo a leanas:

**An Príosúnach**
**Scoil na Leataithe**
**"Sex on the Beach" [Ar an Trá]**
**Laoch an tSunami**
**An Colur Bán**
**Haló**
**An Ciarsúr Bán**
**An Baglady**

Tá siad á bhfoilsiú le cead **Séideán Sí.**

Foilsíodh na dánta seo leanas in **AN SAGART:**

**An Príosúnach**
**Scoil na Leataithe**
**"Sex on the Beach" [Ar an Trá]**
**Laoch an tSunami**
**An Colur Bán**
**Haló**

Tá súil agam go mbainfidh tú taitneamh as an gcnuasach filíochta seo. Téir i dteagmháil liom ag marianimhurchu@eircom.net má bhíonn aon rud ag cur tinnis ort... ☺ tabhair aire,

**Maria Ní Mhurchú**
**Baile Íochtarach / 35 Cluain Coille,**
**An Daingean,**
**Co. Chiarraí.**
**ÉIRE**

**Fón póca: 086-8870478**

**1ú Bealtaine 2008**

# Clár na nDánta

| | |
|---|---|
| Duilleoga Draíochta | 8 |
| An Ciarsúr Bán | 9 |
| Mo Chara Pádraig | 10 |
| Fear a' Tí | 12 |
| An Colúr Bán | 13 |
| Cá bhfuil mo threoir? | 14 |
| An Gadaí Gránna | 15 |
| Laoch an tSunami | 17 |
| An Gangaire Buí | 18 |
| An Leaidín Beag | 19 |
| An *Philanthropist* | 20 |
| Spideoigín Mhuintir Uí Shúilleabháin | 22 |
| An tSamhailt | 24 |
| Chonacsa an Grianghraf… | 25 |
| I Saw The Photograph… | 26 |
| An Príosúnach | 27 |
| 1989 | 28 |
| An Baglady | 29 |
| *Ina n-onóir súd nach bhfuil eochair tí acu do Nollaig '07* | |
| An Bás | 30 |
| Haló | 31 |
| Bulima | 32 |
| An Ghealach Lán | 33 |
| Scoil na Leataithe | 34 |
| An Ghealach Ghorm | 36 |
| An Mhuc | 37 |
| An Naomh-Spiorad | 39 |
| An Taibhse | 41 |
| An tSiúr Stan | 42 |
| "Sex on the Beach" [Ar An Trá] | 44 |
| Bead go Breá | 45 |
| Briste Brúite Bataráilte | 46 |
| Cabhraigh Liom | 47 |
| Café Terrace Arles na Fraince | 48 |
| Café Terrace at Night | 50 |
| Casann an Roth | 52 |
| Is breá liom do ghuth | 53 |
| *Don Athair Pádraig Ó Fiannachta* | |
| An Galar Dubhach | 54 |
| An Leigheas | 55 |
| Dorchadas | 57 |
| Tá rud éigin bunoscionn [1] | 58 |
| Tá rud éigin bunoscionn [2] | 59 |
| Tír na nÓg | 60 |

An Dealbh 61
An Nead 63
Éadaí an Impire 65
Féile na Lúnasa 66
Gary – an Gamhainín Óg 67
Is ag Dia amháin atá a fhios 69
Lancer 70
*Gadhar a bhí againn aige baile agus mé ag fás suas*
Mo Stóirín Bocht 71
*Dán mar gheall ar seanabhean bhocht ar deineadh ionsaí gnéasach uirthi*
Nip & Tuck 72
Oíche Chiúin 73
Oíche Chinn Bhliana 75
Oíche Nollaig na mBan 77
Pian sa Cheann 78
Réalt Bheithil 79
An Fanacht 80
Cá bhfuil Íosa? 81
Foighne 83
The Boy from Sweden 84
The Shroud of Turin 85
Words 86
The Robin Red-Breast 87
Blinded by Love 89
The Statue 90
A Stranger is a Friend 91
My Whispering Willow 92
Africa 93
The Waiter 94
You Made Me A Promise 95
The White Stallion 97
The Little Robin 99
The Thief 101
The Viper 103
The Big Exam 104
Carefree Days of Youth 106
The Funky Dunky 107
My Helper 108
Death 109
My Aunt Is A Gem 110
Santiago de Compestella 111
The Pres Girl 2007 112
The Third Secret 114
Be Not Afraid 116

## Duilleoga Draíochta

Siúlaim tríd an gcoill
Táim sceimhlithe
'Dhaid!
Tar i gcabhair orm!
Ach ní chloiseann éinne mé.

Suím síos in aice chrann mór darach
Mo chorp ar crith.

Tosnaíonn an bháisteach
Agus cloisim guth mo Dhaid
Istigh im' cheann
"Cuir ort casóg
Féach ar na scamaill".

Cím feithid ollmhór
Ag eitilt im' threo
Deinim scréach
Seasann an fheithid ar chrann in aice liom
Deineann sí gáire
Deinimse gáire.

*Tinkerbell* atá ann
*Fairie* beag
Mo chara draíochta
Anois cím a sciatháin
Déanta den ndrúcht
Agus gúna beag síoda gorm uirthi
"Ná bíodh aon eagla ort, a chroí"
Arsa an *Fairie* liomsa
Lean mise agus beir *alright*.

Dheineas amhlaidh
Agus chonac m'athair
I ndiaidh na gcaorach
Ar an dtaobh eile den choill.

**An Ciarsúr Bán**

Níl ach píosa de d'aghaidh dhubh le feiscint
Aghaidh chráite chroíbhriste
Súile troma, dearg ón ngol
Gaineamh tirim na hÉitóipe
Ag síorshéideadh isteach iontu.
Gloiní gréine *Rayband* in easnamh san áit seo.

Do chraiceann scoiltithe
Do dhá láimh crapaithe
Bandaí ornáideacha ar do riostaí
A chuireann laincisí i gcuimhne dom
Iad ag cosaint d'éadain shuaite.

Táimse breoite ó bheith ag cur airgid chugat.
Ní chím aon athrú ar do shaol.
An pictiúr céanna ag teacht trím' dhoras isteach
Ó bhíos im' chailín beag.

'Bhreá liom tú a thabhairt abhaile liom
Béile breá blasta a chur os do chomhair amach
Do ghruaig a chíoradh duit
Do chraiceann a chlúdach le *Johnson Baby Oil*
Leaba dheas bhog a chóiriú duit.

Ach tugaim níos mó dom' chat in uair a' chloig
Ná mar a fhaigheann tusa laistigh de sheachtain.

Leanfad orm ag cur mo phingíní chugat
Braithim ciontach gur mise faoi ndear
An chuma atá ortsa inniu.

Tóg síos do dhá láimh ó d'aghaidh
Ná bí ag gol mar sin
Seo!
Tóg mo chiarsúr bán agus cuimil na deora
Táimse ag guí chuig an Tiarna go dtiocfadh
Bill Gates agus a chomrádaithe ar mhalairt aigne
Ach n'fheadar an bhfuilim… cosúil leis an *ostrich*
Lena cheann sa ghaineamh
Agus a thóin le gaoith.

## Mo Chara Pádraig

Tá cara mór maith agam
Agus Pádraig is ainm dó
Siúinéir ab ea é nuair a bhí sé óg
Inniu is Corp agus Fuil Íosa é.

Glaonn sé orm ar mo *mhobile*
Conas tánn tú inniu?
Níos fearr a deirim...

Ní theastaíonn uaim é a chrá
Ní ligim orm go bhfuil
An seana-Ghalar Dubh
Thar n-ais chugam arís.

Tusa mo chara speisialta a deir Pádraig liomsa
Leanann sé ar aghaidh
Ná tuigeann tú é sin?
Tá do dhóthain le déanamh agat
'Athair
Seachas a bheith ag éisteacht liomsa
A deirim leis.

Teastaíonn uaim é a chur ag gáirí
An cairdeas atá eadrainn a neartú
Deineann gáire san, gan aon dabht.

An bhfuil a fhios agat, a Phádraig,
Cad a bhí ar bun agam inniu?
Ghoideas tuí ón mainséar!
I ngan fhios d'éinne!

"Ó Immeal Átha a tháinig an nós san", ar sé
"Sea, ó mo sheana-mháthair" arsa mise.
Gháireamar beirt, gan stad gan staonadh.

"Beannacht Dé le hanamacha na Marbh" ar sé.
Caithfidh tú píosa den tuí a thabhairt dom.
Chuas isteach 'on tsáipéal agus lasas coinneal
Bhí casúr ina luí ar an altóir
Tháinig sceitimíní orm.
Chuas go dtí an mainséar
Agus thosnaíos ag caint le Joe
Joe an Siúinéir.

A mhúin a cheard don Leanbh Íosa
An cheard chéanna a bhí agam fhéin
Nuair a bhíos ag obair sna Stáit Aontaithe
Casúr im' láimh
Agus amhrán im' chroí.

Is mór an sásamh a fuaireas as an gcasúr.
Go háirithe an uair a dheineas na *cabinets*
Do Joan Kennedy cáiliúil, alcólach bocht.

Bhí áthas orm agus mé ag imeacht doras an tsáipéil amach
Casúr i láimh amháin
Tuí sa láimh eile
Agus amhrán im' chroí.

Bronntanas do mo chara Phádraig
Ní bheidh easpa ar aon duine den mbeirt againn
I mbliana le cúnamh Dé.

Gháireas go ciúin chugam fhéin agus
Siúd liom suas an bóithrín
Chun Tigh na Sagart.

## Fear a' Tí

*Tháinig an inspioráid don dán seo ó chárta phoist*
*a fuaireas i gceardlann Nuala. Pictiúr de bhean ríoga*
*agus fámaire leanbh ina baclainn aici.*

Tánn tú suite ansan
Ar do sháimhín só
Beag beann ar an saol
Lasmuigh de do dhoras
Cathaoir órga faoid' thóin
Agus leanbh breá beathaithe
Ataithe
Faoi d'ascail.

Tá leanaí na tíre seo
Ataithe
Chomh maith
Ach ní ag *caviar*
Ach ag aer tirim na dúiche...

Is maith liom an dath dearg
Atá ar do ghúna galánta
Ach b'fhearr liom
A bheith istigh i bpluais
Seachas cur suas leis
An bpusachán atá pósta leat.

An gcuimhníonn tú riamh ormsa anois?
Bhís ana-mhór liom nuair a bhíomar óg.
Sciobais mo leannán uaim
Le do chuid airgid agus ardnósanna.

Bhailíos liom chuig an Aifric
Croíbhriste.
Nósanna de shaghas eile amuigh anso
A thógann tamall dul i dtaithí orthu
Ach nach mise a bhí ámharach
Gur thugas na cosa go deas liom.

**An Colúr Bán**

Ní féidir liom codladh anocht
An iomarca ag titim amach ar fuaid an domhain
Ná féach ar an dteilifís mar sin!
Ach níl aon leigheas agam air
Pictiúirí ag cur as dom' cheannaín bocht.

Socraím an piliúr
Éistím leis na *blues*
Léim leabhar
Deirim paidir.

Táim ag fanacht le Ian ach
Níl tásc ná tuairisc air...

Cloisim an ghloine á briseadh thíos staighre
Ó Chríost, cad a dhéanfad nó cé tá ann...?
Éirím as mo leaba, mo dhá chos cosúil le *jelly*
Éalaím síos an staighre
Shh! Tá glór sa seomra suite.
Osclaím an doras go mall
Ar crith agus mo chroí cosúil le *pump*
Tá an vás a bhí suite os cionn na tine
Briste i smidiríní ar fuaid an urláir
Agus éan ag eitilt ón dteilifís
Go dtí an chathaoir
Go dtí an bord
Cac ar fuaid na háite aige.

Deirim paidir
Tá an t-éan bocht níos a mheasa ná mar atáimse.
Scaoilim saor é isteach i ndoircheacht na hoíche
Agus deinim cupán tae
Cím scáth an cholúir bháin sa ghealach agus
É ag eililt i dtreo na réiltíní.

**Cá bhfuil mo threoir?**

Tá an deireadh tagtha
Táim istigh sa tsáipéal
Ag guí chun ár dTiarna.

Tógtar dhá throigh ón urlár mé
I ngan fhios dom fhéin...
Luím siar agus fágaim gach rud
I láimh an Fhir In Airde.

Níl eagla orm anois
Cuimhním ar an amhrán
*Don't worry, be happy*
Go dtí inniu, níor theastaigh uaim
Bás d'fháil...de bharr scanraidh...
Roimhis a raibh romham.

Ach anois níl aon trácht
Ar mo bhuachaillín fionn
Ná ní bheidh go deo
Níl aon rud i ndán dom anois
Ach an bás
Tóg mé id' bhaclainn, a Íosa
Agus ardaigh mé in airde
Go hard na spéire.

Cuirfear mo chroí atá briste
I smidiríní le chéile arís
Agus molfaidh mé go deo na ndeor Thú.

## An Gadaí Gránna

'Sé seo an saol
Saol gan mhaith
Gan gháire
Gan ghreann.

Níl éinne im' shaol anois
Bhí fear ann tráth
Ach…d'imigh sé…
Ar imirice chun na hAifrice
A dúirt sé liom.

Scríbhneoir ab ea é
A dúirt sé liom
*Philanthropist*
Huh!
Ag scríobh aistí
Ní bhfuaireas é sin amach
Go dtí an lá a dúirt sé
Slán.

Aistí!…huh!
Ní mór mar sin
An scríbhneoir é
Ag ligint air
Go bhféadfadh sé scríobh
Ag ligint air
Go raibh sé i ngrá liom.

Ghoid sé mo chroí
An gadaí gránna.

Ghoid sé m'anam
Agus ghoid sé mo chorp.

Ghoid sé an fuinneamh a bhí ionam.

Táim mar rud marbh anois aige
Rud caite críonna…bailithe
Agus é fhéin…bailithe leis
Go meidhreach
An bother síos
Ar a *bhicycle*

Slán leat
A sheanrud gan mhaith.

Dein staidéar ar bhean eile,
Ar chultúr eile
Ar chroí eile
Ar amadán eile…

Táim níos fearr as
I m'aonar.

**Laoch an tSunami**

Tá bliain ann ó chonac do phictiúr
Ins an *Sun*
Lá an Dreoilín sa Daingean.

D'fhéachas ar an teideal mór
"An bhfeiceann sibh an figiúr seo
Ag rith amach
I dtreo Falla an Bháis"
Chuir an t-eagarthóir ceist...
Cerbh í fhéin?
Cad a bhí ar siúl aici?
N'fheadar cad a cheapas-sa
Thosnaíos ag gol
Agus dúrt paidir di.

Coicíos ina dhiaidh san
Ní mór ná go dtiteas i laige.
Ansan scríte sa *Sun*
Ainm na mná agus a pictiúr
Karin Svard ón tSualainn.

Tháinig cnapán im' scornach
Ní fhéadfadh sé seo a bheith fíor
Tá an bhean sa phictiúr ag
Caitheamh aghaidh fidil.

Ach tarlaíonn míorúiltí
Shábháil an mháthair a cuid gearrcach
Agus a fear céile.

N'fheadar conas?
Dúirt sí nach fhéadfadh sí
Maireachtaint gan iad.
Tá freagra na ceiste san ag snámh san uisce
I ngan fhios dúinn.

17

## An Gangaire Buí

Cad a cheapann tú?
Gur féidir leat satailt orm
Mar a dhéanfá le ciaróg?
Led' bhróga órga
Led' phláitín scúite
Is led' theanga bhorb...

Do shúile cosúil le dhá ubh id' cheann.

Má cheapann tusa
Go ndéanfad san
Gan faic
Tá dearmad ort
A bhuachaill.

Táim chun gearán
A dhéanamh
Litir a scríobh
B'fhéidir...
Chuig na Gardaí...
B'fhéidir.

Cuirfear tusa sa phríosún
Agus scaoilfidh tú liomsa
Ar deireadh thiar thall
Chun an fód a sheasamh
Agus mo dhán a scríobh.

Beidh m'intinn oscailte
Agus ní bhead ag braith
Ortsa
A Ghangaire Dhíomhaoin,
Chun cúpla pingin
A chur im' phóca.

## An Leaidín Beag

Tánn tú ag seasamh cos-nochta
Scamaill bhána mar bhróga laistíos duit
I d'chosaint ón ndomhan mór
Cuirtín ar gach taobh díot
Tusa ar stáitse
Gach éinne ag féachaint ort
Cuireann sé *Shakespeare* i gcuimhne dhom
*The world's a stage and each must play a part.*

Mise an t-aingeal beag sa tslua
Ní chíonn éinne mise ach mo chomrádaithe féinig
Tá éad orm leat
Tá an leanbh agatsa id' bhaclainn.

Níl aon am agat domhsa anois
Cad tá ag imeacht tríd' cheann
An bhfuil scanradh ort
Nó áthas?
Ní féidir liom d'aghaidh a léamh.

Gach éinne le sceana
Ag gearradh píosaíocha ded' chroí
Agus á gcur ina bpócaí
*Souvenirs.*

Ach beadsa *alright*
Fanfaidh mé go foighneach leat
Agus nuair a bheidh rudaí ciúnaithe
Tabharfaidh tú do mhac domhsa arís
Agus beimid ag rith ó scamall go scamall
Ag gáirí agus ag spraoi le chéile
Mise agus
An Leaidín Beag.

## An *Philanthropist*

Táim suite laistigh den bhfuinneog
Ag caitheamh súil ar chúrsaí an tsaoil
Lasmuigh.
Braithim sábhálta anseo
Ag ól caifé
Ag éisteacht le *David Kitt* ar an raidió.

"An bhfuileann tú *alright* ansan, a Mharia?"
Arsa an freastalaí ard, fionn liom.

Bogann sé ó bhord go bord
Ag athrú a ghutha – d'aon ghnó glan
Dar liomsa...
Is Meircéanach é soicind amháin
Agus Albanach soicind eile.
Cad é sa diabhal atá ar siúl aige?

Téann sé laistigh don gcuntar
"*Double espresso* duitse, a Mharia...?
Maróidh sé tú, tása 'gat"
Nach cuma duitse cad tá uaim
"Sea" arsa mise os ard
"B'fhéidir go nglanfaidh sé dúinn" ar sé.
Comhartha uaidh a deirim liom fhéin
"An saol ab ea?" arsa mise leis i gcogar?
Gáireann sé
An aimsir a bhí i gceist aige.

Táim náirithe anois
Tá sé ag suí síos
Ach ní liomsa...
É ag labhairt le cailín óg
Scoláire, dathúil, caol.

Éirím i mo sheasamh
Mo dhá phluic ar lasadh
Tá dorn pinginí im' láimh agam...

"*Oh, God*, ní thabharfaidh na cosa go dtí an *till* mé".

Éalaím amach an doras
I ngan fhios dó
Mo dhorn cosúil le crobh circe.

Tá an *philanthropist* fós ina shuí
Beag beann orm.

## Spideoigín Mhuintir Uí Shúilleabháin

Táim suite anso
Maidin lá gréine
Ag ithe leitean
Ag féachaint amach an doras gloine
Maidin álainn
Boladh an fhéir a gearradh an oíche roimh ré
Ag teacht isteach an doras chugam
Na bláthanna cosúil le canvas Van Gogh.

Á féach chugam
Mo spideoigín
Eitlíonn sé ón bhfalla cloiche
Go dtí an fhuinneog
Agus as san go babhla Rex.
Cuireann a chosa tanaí
Dhá *mhatchstick* i gcuimhne dom.

Tá Rex suite in aice na cairte
Beag beann ar gach éinne
Leisciúil
Cosúil le 'madán
Gáire air ó chluas go cluas.

Is mise Spideoigín Mhuintir Uí Shúilleabháin
Tá tuiscint idir mé fhéin 'is Rexy.
Is cuimhin liom go maith an lá a tháinig
An ghráineog agus sup air
Bhí a fhios agam go raibh an t-ainmhí
Tar éis an gheimridh a chaitheamh i bpoll sa bhfalla
Ach níor ligeas faic orm
Bhí tart air agus tharraing sé fhéin amach as a leaba
An ghrian ag glioscarnaigh, a mheall é.

Ní raibh Rex ró-thógtha leis
Scaoil sé leis cúpla babhta
Lig dó a uisce a dh'ól
Bhí eagla ar an ngadhar bocht
Dul in aon ghiorracht don ainmhí ait so
Ar eagla go raghad sé sáite ann.

Shh...! Chuireas focal i gcluas an mhadra
Agus d'éist sé liom agus is annamh dó é sin do a dhéanamh
D'éirigh Rex agus d'ardaigh sé a chos os cionn an babhla

Agus dhein a mhún isteach ina bhabla fhéin
Nach iontach an rud é an nádúr.

D'eitlíos féin tharnais chuig mo nead
A bhí i bhfolach sa chlaí os cionn an fhalla
Tharnais go dtí mo ghearrcaigh
Ní raibh aon ní ag cur tinnis orthu san ach piastaí
A ngobanna beaga bándearga ar leathadh acu.

## An tSamhailt

Braithim uaim tú, a chroí
Ach ní fheadar an mbeadh aithne agam ort
Anois
Tá seacht mbliana ann ó chonac tú
Go deireanach.

Éistím le hamhráin ar an raidió
Ag lorg comhartha ón bhFear Thuas
Ach níl tásc ná tuairisc ort…
Comhairleoir ba cheart a bheith á lorg agam
A deir mo chairde liom.

Deir siad go gceapais-se gur
*"Love-God"* de shaghas éigin ab ea thú
Go raibh bean difriúil agat gach oíche
Fhaid is a bhís ag maireachtaint sa Daingean.

Ach chonacsa tusa ar an mBuailtín
Nuair ná rabhas ach ocht mbliana d'aois
Bhís in airde ar rothar
Gan aon léine ort
Do mhatáin ag glioscarnach sa ghrian
Bhí bean óg suite ar *bhar* an rothair
Gach aon gháire aici.

Chas sí im' threo agus
Chaoch sí súil orm.

Mise a bhí ann.

## Chonacsa an Grianghraf...

Chonacsa an grianghraf
Agus tháinig tocht im' chroí
Ní raibh an dochtúir
Ábalta ar an ngin bheag a thógaint
Ón mbroinn…
Mar chaillfí an leanbh.

D'oibrigh an dochtúir sa doircheacht
Ag cur poll san útaras
Ag socrú cnámh droma… *spina bifida* an linbh.
Míorúilt.
Lámha stiúrtha ag aingil
Ó Neamh anuas

Ach ní hé sin a d'fhág na deora
Ag sileadh liom
*No*, ach an phictiúirín –
Láimhín beag an linbh
A sháigh sé amach as an ndoircheacht
A bheir greim daingean ar mhéar
An mháinlia chruthaithigh
Ag gabháil buíochais leis.

**I Saw The Photograph...**

I saw the photograph and
It brought a lump to my throat;
A foetus
Five months old
Too fragile to be removed
From his mother's womb.

The surgeon made an incision
In the uterus -
The baby suffering from spina bifida;
The surgeon worked away in the dark
Miraculous hands directed by angels from Heaven
Fixing the baby's spine.

But that's not what brought
Tears to my eyes
No, but the sight of a tiny hand
Courageously slipping out of his mother's womb
Curling fingers around the surgeon's ring finger
A small but firm grasp
A thank-you to medical science
And to Our Maker who gives us the courage
To strive to make this world
A better place.

## An Príosúnach

Tánn tú ró-chineálta
Sin í an fhadhb…

Bhíos suite laistigh den bhfuinneog
Aon mhaidean amháin
Dochma orm roimh
Cad a bhí romham.
B'fhéidir go mbeidh lá deas againn
Inniu
A dúraís.
Do ghuth mhilis ag cur
Sceitimíní im' bholg
Cheapasa go rabhais ag caint fúinne
Ach mo ghraidhn mo chroí
Sí an bháisteach a bhí ag cur as duit.

Bhí beach ag bualadh i gcoinne na fuinneoige
Ag cur as dom
Bheireas ar nuachtán a bhí agam
Istigh im' mhála
Agus bhíos chun tabhairt fén mbeach
Le fuinneamh.

"Á ná dein" a chuala laistiar dom
Bhí tuáille id' láimh agat
Nuair a tháinís i ngiorracht dúinn
Mé féin is an bheach.

Thosnaigh mo dhá ghlúin ag cnagarnaigh
Le chéile.
Chuiris do láimh láidir
Mórthimpeall an chréatúirín
Go mín macánta
Agus scaoilis amach an doras é.
D'eiteal sé leis, é saor arís
Chun cumhra na mbláthanna
A bhlaiseadh dó féin.

Cad na thaobh ná féidir leat
An rud céanna a dhéanamh domsa?

**1989**

Tá crampaí im' bholg
Pian im' cheann agam.
Chonac *bicycle* ceangailte leis an bpolla
Maidin inniu
Ní raibh éinne timpeall *so*
Chuireas mo láimh ar an *mbar.*

Tháinig radharc isteach im' chloigeann
Agus meangadh gáire chuig m'aghaidh
Mé ag cuimhneamh siar
Chuig laethanta m'óige.

Tusa leathnochtaithe
Lá breá gréine
Do ghruaig ar dhath an óir
Ag spinéail síos an Mám
Mise ar an *mbar* agat
Fuílleach *serotonin* im' cheann agam.

Lá eile
Saol eile!

Imím liom isteach sa Chaifé
Tá's ag an bhfreastalaí cad tá uaim
Ach níl a fhios aici a leath.

Tógaim Xanax óm' mhála agus
Slogaim cúpla ceann
Tógaim piunt uisce uaithi
Tá trua aici dom
Is fuath liom é.

Slogaim cúpla ceann eile
Ag súil leis an "*rush*"
Ach ní thagann sé.

Bhí an t-ádh liom
Nach raibh *ecstasy* ar fáil
I 1989.

**An Baglady**

*Ina n-onóir súd nach bhfuil eochair tí acu do Nollaig '07*

Teastaíonn uaim thú a thógaint im' bhaclainn
Mo dhá láimh a choimeád timpeall ort
Tú a chosaint
Ón ngaoth aniar aduaidh
Ón mbáisteach throm
Ós na buachaillí óga
A gháireann fút
A chaitheann seilí ort
Ná bac leo
Ní thuigid thú!

Fágaim burger ó McDonalds
Taobh leat.

Feicim ó t'aghaidh go bhfuil áthas ort
Mo ghraidhn go deo tú
Ach nach fuirist tú a shásamh.

Ní deirimid faic le chéile.

Cím deora ar sileadh leat
Ach nuair a fhéachaim laistiar dos na deora
Cím cailín óg
Sé mbliana déag
Suite ar bhinse
Ag fanacht led' bhuachaill
Gúna deas ort agus meangadh gáire ort.

Níl aon eagla ort roimhis an ngalar dubhach
Ná roimh an ngalar cam ach an oiread
Nach ait an mac an saol!

## An Bás

Ceapann daoine gurb é an bás an deireadh
Ach níl san fíor in aon chor
Go deimhin féin
Nuair a dhúnfad mo shúile
Don uair dheireanach
Nuair a stopfaidh mo chroí ag bualadh
Éireoidh mé as mo leaba
Agus siúlóidh mé isteach i ngairdín álainn.

Ansan beidh pixies agus púcaí
Beidh Plúirín Sneachta ann
Agus na Seacht nAbhac
Buailfead le Niamh Chinn Óir
Agus raghad ag marcaíocht ar chapall Oisín.

Ní bheidh pian ann
Ná imní
Ná bráca.

Bead saor chun rince
Chun canadh
Chun eitilte.

Eitileoidh mé chomh fada le Réalt Bheithil
Goidfidh mé cuid dá dhraíocht
Fágfaidh mé lorg mo chos ar an ngaineamh
Agus titfidh *stardust* ó mo lámha
Ag beannú dom' chlann aige baile
A bheidh 'om chaoineadh.

**Haló**

Cén sórt saoil é seo agam?
Ag dul ón leaba
Chuig obair
Chuig an leaba
Im' aonar…

Misálaim tú
Ní bheidh a fhios agat riamh
Cé mhéid
Tá mo chroí scoilte 'na dhá leath
Agatsa.

Chuiris scian tríom' chroí
Nuair a d'fhágais slán agam
Ní raibh aon choinne agam leis
Bhís timpeall –
Aingeal le *halo*
Agus ansan bhís 'mithe.

Táim anso ag fanacht leat le cúig bliana
*Evo-stick* ag coimeád mo chroí le chéile
Chuala go bpósais
Ach ní stopann san an fhulaingt
Tá pian amach trí mo shúile agat
Mo cheann bocht céasta.

Agus ní tusa fé ndeara é
Mar nár dheinis-se faic ach
Haló a rá liom.

**Bulimia**

Casaim ar siúl an raidió
Tá J.P. ag casadh amhráin
*"In the morning,*
*You won't remember a thing".*

Labhraim os ard agus
Mé im' chodladh.
Ní chuimhním ar cad deirim nuair a dhúisím.

Is féidir le J.P. mé a chlos áfach.

Deir sé liom é tríd na *hairwaves*
Deir sé liom go bhfuilim ag caint fé
Ag iarraidh *date* a dhéanamh leis
Ag iarraidh é a phógadh
Ag iarraidh é a phósadh.

Cuirim *text* chuige...*can we meet up?*
Ach athraíonn meon J.P.
Tá sé searbhasach liom
Gáireann sé fúm.

Lasann m'aghaidh
Tosnaím ag ithe
Ní féidir liom stad.

Agus mo bholg ataithe
Ní féidir liom corraí.

Rithim chuig an leithreas
Spúnóg im' láimh agam
Agus tagann na *Mars Bars*, na *Snickers*
Na *Crunchies*, na *Taytoes*
Aníos
Agus casaim an *dial* ar an raidió
Agus éistím le d.j. eile.

**An Ghealach Lán**

Is fuath liom tú
A Ghealach Lán.
Cé go bhféachann tú go hálainn
Oíche chiúin dhorcha.

Mothaím *drill* istigh im' cheann
*Drill* an fhiaclóra
*Drill* an *Council*.

Agus mé ag féachaint ort
Cuireann tú Muire i gcuimhne dom
Maighdean na Gealaí
Agus imíonn an phian
Cosúil leis an taoide
Isteach is amach
Ag teacht is ag imeacht.

Seasaim ar dhroichead Bhaile an Mhuilinn
Oíche chiúin dhorcha
Mo scáth le feiscint sa ghloine socair.

Braithim clóca na Maighdine
Mórthimpeall orm
Deirim paidir
Agus comhartha na Croise
Agus imím abhaile
Mé ag tnúth le mo
Thigín deas teolaí
Agus mo leaba.

**Scoil na Leataithe**

Bhíos ann ar feadh dhá bhliain sarar dhún sé
Scoil na Leataithe
Suite ar *charrier* rothar mo mháthar
Gach maidin
Ag siúl suas go mall go barra an Mháma
Ag bualadh le Máirín Baker
Nuair a shroicheamar an barr
Míle eile le siúl ansan
Sula mbainimís an scoil amach.

Mise 'sna naonáin mhóra
Ag ceapadh go rabhas ana-*important*
Toisc go raibh cailín ó Rang a Sé
Mar chara agam.

Agus Sarah
Bean lách, cineálta ag déanamh *jig-saws* linn
A thug mórthimpeall na cruinne sin
Sceitimíní orainn dá gcríochnóimís iad
Lapa amuigh do mhilseán
Fiú amháin muna ndéanaimís faic!

Mise sceimhlithe
Roimhis mo chomhleacaithe
Ag glaoch ar Sharah
"Whey 're yuu?"
Ag imeacht i bhfolach lastiar dá scriorta.

Agus Jackie gealgháireach
Amuigh sa chlós ag faire orainn.

Mise ag bailiú brúscair
Ceann dos na jobanna beaga a bhíodh agam
"Féach ar an tslí a bhailíonn Maria na páipéirí"
A déarfadh sé
"Tá sí cosúil le bean uasal".

Mise ansan ag siúl abhaile le Maírín Baker
Suas go barra an Mháma
Ar bís chun Mom a d'fheiscint
Suite ar an *gcarrier*
Weeeeeeeeeeeeeeeh
Síos linn le fánaidh

Go dtí go shroichimid baile.

Mise ag pléascadh le mórtas
Na daoine fásta ina seasamh mórthimpeall orm
Ag lorg nuacht an lae uaim.

## An Ghealach Ghorm

D'éirigh an ghealach ghorm
Amach as an doircheacht
Ní raibh éinne timpeall chun cabhrú liom
Chuala an mada rua ag liúireach
Agus uan beag bán ag méiligh
An nádúr corraithe
Sceoin im' chroí.

Bhíse imithe uaim
An gomh ort chugam
Nuair ná raibh an dinnéar
Réitithe i gceart duit
Breall ort-
Fuirist breall a chur ort…

Bhí an oíche ar lasadh fén dtráth seo
An ghealach lán sa spéir
Dhúnas na fuinneoga
Chuireas na boltaí ar na doirse
Mhúchas na soilse
Agus shuíos im' chathaoir cois tine
Ag éisteacht agus
Ag fanacht.

Bhí an mada rua le clos fós
Ach bhí an t-uan balbh.

Mise ann fós
Ag éisteacht agus
Ag fanacht.

## An Mhuc

Seasaim go tapaidh ar sheanathornap lofa
Pléascann sé isteach im' aghaidh
Cuimilím na píosaí dubha buí
Anuas de m'aghaidh
Agus dírím mo shúil
Ar an mhuc atá ina seasamh os mo chomhair amach.

Seán is ainm dó
An dochtúir Seán
Siceolaí.

Tá sé ag gáirí fúm
A chuid fiacla móra bána le feiscint agam
Meangadh ó chluas go cluas air
É cosúil le 'madán.

Cheapasa gur thaitnigh turnapaí le muca.

Sáim píosa isteach ina bhéal
Snapann sé
Chríost! Mo láimh!
Tosnaíonn sé ag gnúsach agus
Casann sé a thóin liom.

Ná bí ag caint.

Mise a bhí deas leis sin i gcónaí
Thugas bia dhó
Agus *Cod Liver Oil*
Agus *Xanax* nuair a bhí sé *panicky*
Mise a ghlan é agus a thug uisce dó
Agus seo é mo luach saothair.

Tógaim amach mo fón póca go mall, go socair
Le mo láimh eile.

Cuirim *John Wayne* i gcuimhne dom fhéin
*Cowboy...*
Agus glaoim ar mo chara
*Ben Butcher*
Deinim gáire beag liom fhéin
Agus cuirim an fón póca tharnais im' *holster*.

Táim ag súil go mór lem' bhricfeast
Maidin amáireach
An mhaidin dár gcionn
Agus an mhaidean ina dhiaidh san!

**An Spiorad Naomh**

D'fhágas an tigh i gcoinne mo thola
Eagla orm labhairt le héinne
Na nuachtáin go speisialta
Cheapas ná tabharfadh mo chosa
Chuig an séipéal mé.
Thosnaíos ag guí –

*O Holy Spirit...*
*Soul of my Soul...*
*I adore Thee.*

Suas liom Sráid an Doirín
Mo chroí ag bualadh
Cosúil le clog an tséipéil.

Ó Dhia! Féach ar an am!
Bhuail an clog trí huaire
Sa doircheacht
Bhíos ag éalú ó na paparazzi
Ach bhí an tsráid tréigthe.

*Enlighten, guide, strengthen*
*And console me...*

Ó Íosa...táim ag fáil bháis istigh ionam
Cá bhfuileann tú a chroí?
Dhéanfainn aon ní duitse...

*Tell me what I ought to do*
*And command me to do it...*

Cad tá ar siúl sa cinema
Bridget Jones...ó sea...
Ach ní theastaíonn uaim imeacht im' aonar
Teastaíonn uaim suí sa *bhalcony*
Le láimh mo bhuachalla mórthimpeall orm
Im' chosaint.

*I promise to submit to everything you ask of me*
*And accept all that you allow happen to me.*

Wham! Bang!
Cé hé tusa?

Nó cad as a tháinís?

Fear ard, fionn, Sualanach
Agus rothar aige…mhuise!

Gáirim nuair a deireann sé haló!
Taibhse? nó mise imithe le gealaigh arís?
Is cuma liom…

*Just show me what is Your Holy Will.*

**An Taibhse**

Siúlann tú timpeall sráideanna Boston
Cleite uaithne ag sileadh
Ó do ghruaig liath
Agus ceann eile
Ceangailte dod' mhála caite.

Tánn tú tinn, a chroí
Agus n'fheadaraís a mhalairt
An tinneas
Imithe i ngan fhios duit
Imithe le gealaigh.

Mo ghraidhn tú,
Cailleadh do bhean agus d'athraigh do shaol
Chaillis do cheann
Cosúil le hEoin Baiste.

Olann tú deoch
Amach as carton Domestos
Stop!
In ainm Dé!

Tá gean agamsa ort fós,
Tá sé ráite agam leat minic go leor
Míle uair
Milliún uair
Ach nuair a fhéachann tú orm
Bíonn d'aigne i saol éigin eile
Níl eochair agam don doras san
Agus ní bheidh go deo…

Ach a Phaudie, ná dein dearmad orm
Ná téir chuig hostel Rosie anocht.
Tair abhaile agus bíodh dinnéar na Nollag
Agat liomsa…
Ní fhéachfad ort –
Ar m'anam ná déanfad.

## An tSiúr Stan

Crochadh Íosa ar an gCrois
Tairne ins gach láimh
A dhá chois greamaithe den adhmad
Fuil ag sileadh a aghaidh síos
Ón gcoróin spíona
A bhí sáite go doimhin ina cheann.

Íosa bocht
É cosúil le huan.

Cosúil leis an seana-wino bocht
Sa lá atá inniu ann
Sínte ar chlár adhmaid
Fuil ag teacht amach a chluasa
Tar éis bataráil na hoíche fháil
Ó ghang déagóirí
A cheap go raibh sé *cool* fear bocht, ciúin, cineálta
A chicéail sa cheann.

Fear bocht
É cosúil le huan.

Páipéar tarraingte timpeall air fhéin
Ag iarraidh é fhéin a théamh.

Ach d'éirigh Íosa ó na mairbh
Agus shábháil sé an cine daonna.

D'eirigh an tSiúir Stan óna leabaidh
Chun an *wino* bocht a shábháil.

Ghlan sí an fhuil go mín dá aghaidh
Thug sí bath dó
Agus leaba deas glan
Agus *pyjamas*
Agus braon tae
Agus buidéal uisce te.

Na deora ar sileadh le *Jude*
Ach gan aon airgead aige chun an t-aingeal seo a íoc
Bheadh gach aon pingin ó *Jude* á spárailt aige
Chun buidéal *cider* a cheannach larna mháireach.

Ná bac leis a dúirt an bhean lách chráifeach chineálta
Ach rud amháin a iarraim ort
Téir 'on tséipéal agus las coinneal dom
Agus tabhair aire duit fhéin.

Sister Stan
Í cosúil le huan.

**"Sex on the Beach"** [Ar An Trá]

Siúlaim cos-nochta ar an ngaineamh cruaidh
Blúiríocha buidéil caite anso is ansúd
Piocaim píosa de ghloine im' ghlaic
Píosa gorm
Cuirim mo mhéaranta timpeall air
Greim daingean agam air.

Cuireann sé saol eile i gcuimhne dom:
Bhriseas lampa
Gloine ar fud na háite
*Antique* a bhí ann
Dheineas iarracht na píosaíocha a bhailiú
Ach chuireas fuil ar fuaid an tí le m'útamáil
Ag iarraidh an damáiste a cheilt óm' mhuintir
Bhíos hocht.

Tháinig Daid abhaile ón gcréimirí;
Mo dhá ghlúin ag cnagarnaigh
Nuair a chuala ag teacht an doras isteach
Chugam é.

Ach ní dúirt sé faic fén lampa
Bhí imní air fúmsa
Níor thuigeas é ag an am-
Bhíos hocht.

Anois tá leanaí agam féin agus
Is minic a chuimhním ar Dhaid
Bíonn imní ormsa anois – ní fé
*Antiques* an tsaoil shoineanta fadó
Ach fé gloiní de shaghas eile
*Spritzers, snakebites, fat frogs* agus
*Sex on the Beach.*

Caithim an ghloine tharnais sa bhfarraige
Agus glanann an t-uisce mo chuid fola
An salann á chneasú
Deirim paidir
Agus siúlaím liom abhaile
Cosnochta.

*deoch mheisciúil é *sex on the beach* [cocktail]

**Bead go Breá**

Táim istigh sa tseomra liom féin
An glas ar an ndoras
Mise ag tógaint cithfholcadh
Imíonn an t-aláram
Mise ró-thraochta mo chuid éadaigh a chur orm
Na bairrlíní báite
Mar nárbh fhéidir liom codladh,

Castar an eochair
Cuireann an bhanaltra iachall orm na *pills* gorma
A ithe
I gcoinne mo thola.

"Cabhróidh siad leat codladh…"
Déanfaid, mhuis.

Cím mo sheanmháthair ag rince leis an ndochtúir.

Deineann sí iarracht mé a chur ag gáirí
Tá sí cosúil le rinceoir an Samba
Nan bocht.

'Bhreá léi aon sórt ceoil
D'imigh sí ar shlí na firinne
Trí mbliana ó shin.

Caochann sí súil orm
Shh! ar sise beir go breá
Titeann codladh trom orm
Tá Nan lem' thaobh
Ag triomú m'éadain dom.

**Briste Brúite Bataráilte**

Táim briste, brúite bataráilte
Agatsa
A Íosa
An bhfuil dearmad déanta agat orm?
Ach cé hé seo…
Níl aon chosúlacht agatsa le hÍosa
Tá do chraiceann cosúil
Le craiceann linbh.

Íosa Críost! Lig dom suí síos
Taim ag tarrac mo dhá chois im' dhiaidh.

Táim lag agat.

Bíonn an diabhal ag piocadh orm de shíor
Inniu, cuirim mo cheist arís.

Cár imís?
Cá bhfuil Íosa?
Mar níl sé anso timpeall.

Ach ansan faighim cumhra milis na *strawberries*
Agus cuireann siad Daid i gcuimhne dom
D'fhásfaidís sa ghort lastuas den dtigh fadó.

Cailleadh Daid.

Daid?

Tánn tú anseo liom anocht
Feicim tú
Tabhair chuig Íosa mé
Le gur féidir liom siúl ar an mBóthar Fada
Arís…
Amáireach.

## Cabhraigh Liom

Braithim go huafásach
Mo cheann ag pléascadh
Faighim *pumpkin* buí donn
Agus caithim cloch millteach
In airde air.

*Splat!*

Scaipeann na píosaí boga
Ar fuaid na háite
Tá m'aghaidh clúdaithe leo
Agus mo chuid éadaigh fliuch acu.

Mo chroí chomh trom leis an gcloch.

Féachaim sa scáthán
Ní maith liom a bhfeicim.

Ardaím mo lámh chun m'aghaidh
Agus cuimilím
Lem' mhuilirte
Mo shúile gortaithe ag na píosaí boga donna buí.

Míorúilt nach bhfuilim dall
Míorúilt nach bhfaighim *brain haemorrhage*.

Siúlaim síos go Bun Calaidh
Síos an dréimire
Isteach san uisce.

Tá a fhios agam
Go bhfuil dhá *diver* ag fanacht liom
Ar an dtaobh eile
Chun mé a thabhairt slán.

## Café Terrace Arles na Fraince

*Scrígh údar an dáin é seo agus í ag stánadh*
*ar phictiúir a phéantáil Vincent Van Gogh*

Táimse breoite den saol seo
Suite sa chistin ag iarraidh dán a chumadh
Ag guí chun Dé mé a thógaint amach as an dtigh.

Daoine ag teacht agus ag imeacht
Ag féachaint orm
Ag stánadh orm
Mar a dhéanfá le moncaí
Sa sú…

Dá gcaithfidís cnóite chugam
Bhainfinn greim astu.

Ní thuigeann siad tábhacht an raidió
Na hamhráin
Tusa…
A chumann ceol dom
Ach tuigimse thú.

Tánn tú lastiar den bpictiúr
Atá ar crochadh ar an bhfalla.

Pictiúr álainn *Vincent Van Gogh.*

Léimim in airde ar an mbord
Cuirim cos amháin isteach sa bhfráma
Ansan – an chos eile
*Voila!*
Táim suite i gCafé Terrace
Ag ól cupán caifé
Fés na réiltíní
Fén spéir ghorm
An dath gorm is deise ar domhan
Ag fanacht leat.

Níl aon ghá agam den raidió anso
Faighim faoiseamh ins na dathanna
Oráiste, buí…gorm!
Gorm cosúil le fuinneoga Harry Clarke.

Tá sé fuirist filíocht a chumadh anso.

Feicim tusa ag teacht chugam
Amach as an ndoircheacht
Isteach sa tsolas gorm-oráiste a lasann an tsráid.

Tusa ar chapall ag teacht im' threo.

Mo phrionsa – ar chapall – i ngan fhios d'éinne
N'fheadar an bhfaca *Van Gogh* thú?

**Café Terrace at Night**

On a night like this
I view the scene before my eyes
And I wish I could escape my small room
and sit on the chair
under the dark blue sky
and have a waiter
serve me fine Parisian Coffee.

I could look up at the stars
in the Heavens
or chat to the couple
crossing the road
arm-in-arm
oblivious to everyone but me
and to my strange Naughty's attire.

Low cut jeans and a halter neck top...

I light a candle and I say a prayer
There are no candles where you are
waiting for me.

Only a starry starry night...

I'm jealous as I look around
at the clutter-filled cocoon
I call my kitchen.

I want company
I need company
If only I could sit at your table
It's such a peaceful scene
and blue is my favourite colour.

I love the way it lights up the night.

Help me escape
Help me sleep
Help me dream
About the scene you've created.

It's such a peaceful scene

and blue is my favourite colour.

But everything is not what it seems, is it?
You cut off your ear in a moment of madness
Shortly after you painted that scene.

So much for serenity.

**Casann an Roth**

Tánn tú chomh lán suas díot fhéin
Le do cheithre chairt
Is do cheithre thigh
Iad scaipithe ar fuaid an domhain.

Ach mo náire thú!
Ná cabhródh leis an *seana-bhag-lady*
Táimse cosúil leis an seilmide
Aon ní atá agam
Tá sé ar mo dhrom.

Níl éad agam leat
Chun a bheith fírinneach
Is agatsa atá an "*chip*"
An ndeireann tú paidir riamh?
An molann tú Dia?

Sin é a cheapas.

De ghnáth is ráiméis a chloisim uait
Ag iarraidh coiméad suas leis na *Joneses*
Pé hiad féin…

Tánn tú lán suas de chac
Agus cuimhneoidh tú ormsa
Nuair a chasfaidh an roth.

**Is breá liom do ghuth**

*Don Athair Pádraig Ó Fiannachta*

Led' theangain líofa
Agus led' intleacht ársa
Tógann tú an podium.

Tosnaíonn tú ag caint...

I nGréigis
I Laidin
I mBéarla
As Gaolainn.

Léimeann mo chroí le háthas
Nuair a labhrann tú.

Cím meangadh gáire
Ar an bhean
Atá in aice liom.

Tá's aice sin
Is tása agamsa
Gur rógaire críochnaithe thú!!

Ach ní deirimid faic...

Lean ar aghaidh ag caint
Agus tabharfaidh tú
Muintir na Cruinne go léir le chéile
Mar i m'aigne-se
Gur b'shin é atá ar bun agat
Ón gcéad lá a deineadh
Sagart díot.

## An Galar Dubhach

Tagann an galar chugam
Mí i ndiaidh míosa
Cosúil leis an taoide
Ag teacht
Is ag imeacht.
Aithníonn tú orm é
Cé go dtagann sé aniar aduaidh
Orm fhéin…
Cosúil leis an ngadhar bocht
A bhíonn ag sceamhaíl
Tar éis cic sa bholg a dh'fháil
Ó mháistir mífhoighneach…

Ach –
Ní bhíonn trua agat dom.
Is fuath liom trua
Agus tuigeann tú san.

Téimid timpeall Chinn Sléibhe
Le chéile.

Isteach i gcomhair cupán caifé
Chuig an Caifé.

*Chat*
Scón
Subh agus uachtar
*Pie*
A thuilleadh *chat*.

Diaidh ar ndiaidh
Ardaíonn mo chroí
Isteach linn sa chairt
Arís.

Feicim uaim amach
An Fear Marbh
Agus deirim leatsa
Le meangadh gáire
Lá deas a bheith beo.

## An Leigheas

Casaim ar siúl an *radió*
Cloisim fear ag caint
Táim uaigneach agus is cuma cé hé
Táim cosúil le striapach...

Tosnaíonn an ceol
Delním damhsa fiáin ar na *tiles*
Casaim an *dial*
Chun guth eile a chlos...

Táthar ag labhairt
I dteanga nach dtuigim
Ach is cuma liom
A thuilleadh ceoil...
Agus rince.

A Aingil, mo chara,
A thugann aire dhom
Téir chuig Íosa
Agus ceistigh É...fé fearaibh an *raidió*.

An bhfuilid ag magadh fúm
Agus iad ag casadh amhráin dhom?

Cloisim guth mná
Thiarcais!
Bean...?
Níl san i gceart in aon chor.

Casaim an *dial*
Táim traochta anois
D'éiríos ar a hocht
Agus táim ag éisteacht
Le mo leannán ó shin...

Bhí taibhreamh deas agam
Sular loit guth mná mo lá orm
Dúisigh!

Guthanna im' cheann bocht
Ag canadh *Alleluia*
Ní cuimhin liom nuair ná rabhadar ann
Ach is guthanna fear iad

Go dtí inniu…
Comhartha?
A Aingil?

Tá abhainn lasmuigh don ndoras
*Splash!*
Caithim an *raidió* isteach san uisce
Le fuinneamh
Feiceann m'aingeal
Aghaidh Shátan
Ar m'aghaidhse.

Ansan…faic.

Táim saor fé dheireadh
Siúlann m'aingeal
Abhaile liom.

Suaimhneas.

**Dorchadas**

Cloisim céimeanna
Os mo chionn
Agus mé ag titim
Dom' chodladh.

Agus glór
Faoi mar a bheadh
Francach ag scríobadh
Idir fallaí an tí.

Caithim solas
A fhágaint ar siúl
Sa halla…

Uair amháin
Agus mé im' chodladh
Bhraitheas corp
In airde orm…

Dheineas béic
Ach níor chuala
Éinne mé.

N'fhéadfainn corraí
Bhíos teanntaithe.

Ach ghlaos amach arís
In ard mo ghutha…

Naomh Mícheál!
Tair i gcabhair orm!

Agus las an solas
Chomh tapaidh
Is a mhúch sé.

A Dhia na Glóire
Cabhraigh liom anocht…

**Tá rud éigin bunoscionn [1]**

Tá rud éigin bunoscionn
Agus n'fheadar cad é…

Chuiris ceist orm
Tráthnóna,
A chara, mo chroí,

*An bhfuil na haon ní 'na cheart?*

Ó tá, arsa mise
Ach ní fhéadfainn
Féachaint san aghaidh ort…

Níl gach ní 'na cheart
Fáisctear mo chroí
Faoi mar a dhéanfá
Le liobar fliuch
Agus ritheann an fhuil
Cruinn díreach go dtí
Mo cheann.

Caithim *expresso* dúbalta
A chaitheamh siar
Chun deireadh a chur
Leis na *palpitations.*

Slogaim *Xanax*
Ceann ar cheann
Agus sínim siar ar mo leaba
Mo bhróga fós orm.

Cad tá le déanamh agam…
Ach fanacht?

## Tá rud éigin bunoscionn [2]

Tá rud éigin bunoscionn
Agus n'fheadar cad é…

Cuimhním ar Dhan Phaidí Aindí
Agus tosnaíonn mo chroí
Ag bualadh go tapaidh.

Ná bheadh san go hiontach!

Cleamhnas idir mise is tusa…

Bhíos ag siúl timpeall na pictiúrlainne
Oíche amháin
Agus chonac tusa led' bhicycle
Ag teacht im' threo…

Bhíos ag guí chun Dé
Ag an am,
Ag éileamh Air
Cara speisialta a chur im' treo.

Ansan, tháinig an Spiorad Naomh
Nuair ná rabhas ag súil Leis
Agus ní mór ná gur thiteas
Ar an spota.

D'fhéachais orm agus
Áthas i d'aghaidh.

"Aithníonn sí mé ar deireadh"
A dúirt d'aghaidh.

Bhailíos liom go tapaidh
Ar crith fé mar a bhíonn
Gadhar tar éis snámh…

Táim fós i ngrá leat
Mo bhuachaillín fionn,
Fós ag fanacht leat
Agus gan fiú
Do shloinne
Ar eolas agam…

## Tír na nÓg

Bhuaileas leat seacht mbliana ó shoin
Cheapas gur leaid deas ab ea tú…
Ach bhís ag ligint ort
Nuair a bhíomar ag caint.

Dúirís gur scríbhneoir ab ea tú
Toisc go ndúrtsa leatsa ar dtúis é.

Chuiris an *camera* orm
Agus cheapas go rabhas speisialta…

Mo ghraidhn mo chroí.
Ghoidis uaim é seacht mbliana ó shin.

Thugais caifé dom agus dhruidis do láimh
In aice lem' láimh-se…
Bhraitheas na *palpitations*
Agus bhí náire orm
Ach ba chuma leat.

Dúirt an freastalaí liom
Dearmad a dhéanamh ort;
Dúirt sí go gceapais gur dhia beag tú
Go háirithe timpeall ar chailíní óga…

Bhíos óg mo dhóthain seacht mbliana ó shin
Ach inniu – sin scéal eile
Thiteas chun meáchain nuair a d'imís
*Comfort eating…*
Dúrt leat go mbeadh cúraimí ort anois
Agus mé ag súil led' leanbh.

Chaithis do cheann fionn san aer
Agus chuais tharnais go
Tir na nÓg – i d'aonar…

**An Dealbh**

Siúlaím timpeall bhaile an Daingin.

Tá dorchadas na hoíche ag titim
Téim suas Sráid an Doirín
Agus tánn tusa ansan...
Suite ar chéimeanna an tséipéil
Do cheann fút – agus tú ag ithe *chips*...

Ritheann smaoineamh liom...

Fear cosúil leat
Óg, dathúil.

Caite ansan –
Gan corraí –
Cosúil le dealbh.

Cheapfá go raibh dualgais an tsaoil ort
Agus b'fhéidir go raibh...

Ach ní fhéadfainn cur isteach ort, áfach
Thosnófá ag gáirí
Nuair a dh'ardófá do cheann
Nuair a chífeá mise.

An *seana-bhaglady*...
Agus an chut atá orm.

Siúlaím tharat suas an tsráid
Ag tarrac mo chos liom
Sall chuig An Meall
Thar dhealbh Chríost,
A cheann faoi chomh maith.

Gan corraí –
Le dualgaisí de shórt eile air
Ní gháireann Sé sin ach oiread...

Ina dhiaidh san,
Tá díomá orm...
Mar go raibh sé de dhualgas ormsa –
Labhairt leat.

Dá bhféadfainn tú a shábhailt
Shábháileann tú…

Ó rud éigin níos a mheasa…ná gáire.

**An Nead**

Dá gcaillfinn tusa
Chrochfainn mé féin...

Agus sin í an fhirinne.

Bheinnse caillte gan tú
Ní dúrt leat riamh cheana é
Ach táim á rá leat anois...

An cuimhin leat nuair a
Bhíomar beirt ag fás suas?
Bhís ag faire amach dom
I gcónaí

- ar scoil
- aige baile
- sa ghort
- sa Daingean fiú...

Cé go bhfuileann tusa
Níos óige ná mé...

Nuair a bhíos breoite
Cheannaís buidéal *7up* dom
Cé ná raibh an t-airgead agat chun
Buidéal a cheannach duit fhéin...

Agus níor scéis orm
Nuair ná raibh cos fúm
Agus sin ag dioscó sa *Hillgrove*...

Agus anois
Táim i m'aonar i mo thigh
Ag cuimhneamh ortsa
Do nead fhéin déanta agat
Nead álainn aoibhinn
Agus fáilte atá fial, flaithiúlach
Romhamsa i gcónaí ann.

A Dhia na Glóire, tá's agam gur orm féin
Atáim ag cuimhneamh...
Ach abair leis an Aingeal Coimhdeachta

Aire speisialta a thabhairt do nead mo dheirféar
Agus cosain an nead mar teastaíonn uaimse
Go mbeimís críonna – sinne beirt –
Nuair a leathfaimid ár sciatháin
Don uair dheireanach.

## Éadaí an Impire

Éirím amach as mo leaba go mall
Mearbhall im' cheann tar éis na hoíche
Tá dhá ghúna caite ar an gcathaoir
Ceann gorm, gearra
Agus ceann eile staidéartha, dearg.

Chaitheas an ceann gorm inné
Bhí sí orm agus mé
Ag caitheamh siar *vodkas* sa phub.

Cheapas go rabhas nocht
Chuireas ceist ar mo chara
A bhí suite in aice liom
Cén dath atá ar mo ghúna?

"Dearg" ar sí
Dearg!

Tháinig uafás orm.

Cheapas go raibh sí ag magadh fúm ar dtúis
Ansan thuigeas cad a bhí i gceist aici
Agus chuir sé an scéal ar Éadaí an Impire
I gcuimhne dom.

Sheasas suas
Mo mhála mór im' chlúdach
Agus d'éalaíos amach as an bpub.

Bhí daoine ann ag ligint orthu ná raibh
Faic feicithe acu
Bhí scanradh le feiscint ar aghaidh mo charad.

Chuas 'on leaba, ag tarraingt na mbraillíní móra
Mórthimpeall orm
Agus is ann atáim go dtí anois.

Cad a chaithfead inniu?

**Féile na Lúnasa**

Bhíos ag obair aréir san oifig
Ag prapáil d'Fhéile na Lúnasa
Lán le déanamh
Léachtaí le socrú
Oilithreachtaí le déanamh
Mórthimpeall Chorca Dhuibhne
Dátaí le cinntiú
Cuirí le cur amach
Bhíos sásta.

Thána ar "*link*" ar mo ríomhaire
A thug isteach i saol eile mé
Saol na Maighdine Muire...
Na cúiseanna go dtáinig sí chugainn
Dár wárnáil i dtaobh
Cogaí agus
Marú agus
Bás
Na rúndiamhra a thug sí dos na leanaí
Á scanrú
Bhíos sceimhlithe.

Thiteas ar mo ghlúine ar an urlár
Dheineas Comhartha na Croise
Agus chroitheas an t-uisce beannaithe
Ar fud na háite
Ghuíos chuig an Colúr Bán
Tháinig íomhá álainn Mhuire Lourdes
Chugam i mbrionglóid.

Leigheas an t-uisce mé
Bhíos séimh.

Chodlaíos an oíche
Ag taibhreamh ar cad a bhí romham amach
Sceitimíní orm a chlos faoin mBliain Cheilteach
Agus faoin Leabhar Eoin.

Bhíos sásta.

# Gary – an Gamhainín Óg

Is cuimhin liom go maith
Cad a bhís ag déanamh, a Ghary,
Fiche bliain ó shoin
Ach níor thuigeas riamh
Cad a bhí ar bun agat.
Siosúr i láimh amháin agus
Téip na *Beatles* sa láimh eile.

"Cad 'na thaobh
Go bhfuileann tú ag stracadh na téipe san
As a chéile a Ghary?"
Arsa mise leat
Ag gáirí...
D'fhéachais orm
Do dhá shúil ag stánadh orm
Cosúil le gamhainín óg.

Stopas ar an spota
"Ní hamhlaidh go bhfuilim ag gáirí fút"
Arsa mise.

Bhí Gary bocht breoite de dhaoine ag magadh faoi
Bhí sé difriúil le buachaillí eile
Chailleadh sé an ceann uaireanta, ach
Bhí sé deas liomsa i gcónaí.

Sheas Gary suas.
Bhí sé sé troithe ar airde
Ar a laghad.

Thóg sé mo lámh go lách
Bhíos féin an-chúthaileach...
Fiche bliain ó shoin.

Dhein Gary iarracht mé a phógadh
"No Gary!
Stop!
Bain díot an aghaidh fidil ar dtúis
Agus ansan
Pógfad thú."

Scaoil sé lem' láimh,
Na deora ag sileadh leis.

Shuigh sé síos agus bheir sé ar an siosúr
Agus strac sé na *Beatles* as a chéile.

Bhailíos liom an doras amach
Mo chroí ag preabarnach
Agus táim mar sin ó shin.

Mo ghraidhn go deo mé.

**Is ag Dia amháin atá a fhios**

Cá bhfuileann tú uaim, a chroí
Táim ag fanacht leat
Mo shaol go léir.

D'imís uaim ar nós gal gaoithe
Gan tásc ná tuairisc ort
Le blianta fada.

Tá an rós a thugais dom
Fós go hálainn
Suite istigh idir dhá leathanach
Den Bhíobla Naofa
Triomaithe ar feadh na síoraíochta
Cumhra álainn mórthimpeall mo thí.

An cuimhin leat an tráthnóna san
A chuamar go dtí Cill Airne
Bhí taisí Naomh Treasa sa *Cathedral*
Scuaine mílte ar fhaid
Gach éinne socair
Beagán báistí
Gan éinne ag gearán
Ceo bog
Blaincéad dár gclúdach
Chuir sé Auszwich i gcuimhne duitse
Chuir sé Neamh i gcuimhne domhsa.

D'athraigh an turas sin go Cill Airne gach rud.

D'imigh an phian a bhí im' cheann agam
Agus d'imigh tusa óm' thaobh…

N'fheadar cad a tharla…?

Is ag Dia amháin atá a fhios.

**Lancer**

*Gadhar a bhí againn aige baile agus mé ag fás suas*

Deireann tú liom go dteastaíonn uait
Bás a fháil im' bhaclainn
Cluas le héisteacht agat
Lem' chroí
Tánn tú ait!

Teastaíonn uait go gcuirfinn
Mo dhá láimh timpeall ort
*Massage* a thabhairt duit
Nach mór a theastódh sé uait!

Táimse briste brúite ag an saol seo
Níl aon fhoighne agam leat
Má tá *massage* uait
Téir amach sa ghort
Agus cuimil tú fhéin de chrann
Más maith leat.

Faigh compánach duit fhéin
Tá's agam go bhfuil Pup ana-bháúil leat!

Líobann tú m'aghaidh
Agus caithim gáire.

Seachain anois, a Lancer
Go nglanfaidh mé na *tiles* id' dhiaidh

Fear maith!
Shoo!
Amach leat!

## Mo Stóirín Bocht

*Dán mar gheall ar seanabhean bhocht ar deineadh ionsaí gnéasach uirthi*

Tá eagla orm anois,
An glas agam ar an ndoras tosaigh
Agus cathaoir agam i gcoinne doras mo sheomra leapan.

Cuimhním ar an méid a tharla aréir...
Seanabhean – baintreach – ina codladh go sámh
A clann tógtha aici
Agus an bastard san a bhris isteach ina tigh
Agus a dhein ionsaí uirthi
Ionsaí gnéasach.

Ó, an bhean bhocht.

Briseann mo chroí di agus gan fiú aithne agam uirthi
Mo stóirín bocht...

Cá bhfuil Dia nó an bhfuil Sé ann in aon chor?
Deacair cuimhneamh Air na laethanta seo.

Tógaim piolla agus níl aon chodladh orm...
Tógaim piolla eile.
Cuimhním ar Eminem
A bhí chun ceolchoirm a chur ar siúl i Sláine
Ach chuir piollaí stop leis sin.

Cloisim macallaí des na hamhráin a chanann sé
Ag bualadh i gcoinne fallaí mo sheomra
Ag gríosadh na ndaoine óga lena amhráin
*Haley, child...Mommy's wrists are bleeding...*
É fhéin is a chomrádaithe
Gamhain Órga ár linne-se.

Conas a bhraitheann tú, a stóirín?
Teastaíonn uaim cabhrú leat – ach conas?
Téim síos ar mo ghlúine agus deinim an t-aon rud amháin
Is féidir liom a dhéanamh,
Tosnaím ag guí.

**Nip & Tuck**

Tá bronntanaisí na Nollaig ceannaithe agam
Iad go léir
Ach aon cheann amháin
Ceann duitse, a Ian.

Pé ní is maith leat
Abair amach é.
*Playstation, Gameboy, Ipod,* ríomhaire…

Nach mór an 'madán mé
Ceannóidh tusa bronntanas deas
Ach ní domsa
Ach dod' chailín álainn
An mainicín Meiriceánach
*Size 8*
Cailín na *highlights* agus na *extensions*
Cailín na bhfiacla deasa
A chosain níos mó ná mo phá bliana.

Cím tú le do láimh bhreá théagartha
Timpeall ar a coimín beag bídeach.

Dá mbeadh an t-airgead agam
Chuirfinn *staples* ar mo bholg.

B'fhéidir go bhféachfá ansan orm.

## Oíche Chiúin

Titeann an sneachta
Go ciúin
Socair
Sa doircheacht.

Níl éinne le feiscint
Coinneal ar lasadh i bhfad uainn.

Sánn capall dubh a cheann
Amach as leathdhoras a stábla
Ag cuir fáilte romhainn
Rí na n-ainmhithe.

Tugann sé cuireadh dúinn
Ár mbalcaisí a chur i leataoibh
Agus sos a thógaint ina sheomra
Táimid buíoch dó.

Suímse ar an bhféar le deacracht
Mo bholg ata.

Deineann m'fhear céile deimhin de
Go bhfuilim compordach.

Tá cad é cadráil idir an capall
Agus ár n-asailín
Lasann solas réiltín an spéir
Agus tosnaíonn na hAingil ag canadh.

Ardaíonn *Black Beauty* a cheann i dtreo na spéire
Ag sraothartaigh agus ag umhlú
A phus bán ag an sneachta.

Éirím agus cuimilím a éadan
"Ní hé go bhfuil eagla orm"
arsa é sin liomsa i gcogar
"Is amhlaidh go bhfuil sceitimíní orm".

"Sceitimíní!" agus gáirim.

"Ní bheidh sceitimíní ort nuair a bheidh an Baba Óg
Ag rith timpeall ag tarrac d'eireabaill"!

Deineann *Black Beauty* sraoth eile.

Agus caitheann sé a cheann san aer
Agus "cuma le Dan" ar siúl aige.

Tugaim greim bídh dó fhéin
Agus don asailín.

Suím síos arís
Agus cuirim mo cheann ar ghualainn Sheosaimh
Agus fanaimid.

## Oíche Chinn Bhliana

Féachaim amach an fhuinneog
Níl faic le feiscint
Ceo mar phlaincéad
Ar thithe mo chomharsan.

Soilse ag iarraidh solas a chaitheamh
Ar an mbóthar.

Ceo mí-nádúrtha
Ar aon dul lem' cheann
Múchta.

Slogaim cúpla piolla
Agus féachaim timpeall orm fhéin;
Mo sheomra cosúil le *tip*
Na haon rud i ngabhal a chéile
Gan fonn orm mo chuid éadaigh a chrochadh suas…
Gan fonn orm iad a ní…
Gan fonn orm mé féin a ní.

Ní féidir liom éirí
Ceangailte dem' leaba
Le cornasc óm' cheann
Mo smaointe trína chéile.

Cá bhfuil Íosa anois?
Cá bhfuil Padre Pio?
Ní féidir liom paidir a rá
Ní féidir liom codladh.

Shh!
Cloisim torann i bhfad uaim
Lasann an oíche.

Splancanna spleodracha a lasann an oíche
Tagann éirí croí orm.

Na *fireworks* ar an gcé dearmadta agam -
Oíche Chinn Bhliana.

Leanann an spré órga, gorm, oráiste, airgead
Maireann sé leathuair a' chloig.

Dúnaim an fhuinneog,
Dúnaim mo shúile,
Deinim iarracht ar chodladh.

**Oíche Nollaig na mBan**

Nach breá an saol atá agam
Amuigh ag ithe
Oíche Nollaig na mBan
Le mo cheathrar deirféar…
Caint
Craic
Cadráil
Iad gléasta go hálainn
Dála na n-uasal fadó
Bród orm astu.

Agus mo mháthair
Lena ceathrar deirféar
I mbialann eile
Ag ceiliúradh
Oíche Nollaig na mBan
2006.

Bhíos fhéin cosúil le leanbh
D'ordaíos súp agus muiríní agus uachtar reoite
D'ordaigh duine éigin an péasún -
Chaitheas gáire!

Ar ár slí amach anocht
Ní mór ná gur mharaíos an péasún céanna
Le mo chairt.

Bhí an t-éan ag seasamh in aice an droichid
Agus d'fhan sé ann
Gan corraí
Cé go dtáinig an gluaistéan
I ngiorracht orlaigh  dhó.

Deinim amach gurbh b'é m'athair a bhí ann
Ag cur beannacht ó Neamh orainn.

Mar a dhéanadh sé ar a phéasúin
Ar an oíche speisialta seo.

Gháir mo chroí!
Chasas in airde an raidió
Agus chanas "Oíche Chiúin"
In ard mo ghutha
Agus thiomáineas liom.

**Pian sa Cheann**

Ní thuigim an phian seo...
Cad a dheineas leat in aon chor?
An bhfuilim chomh olc san...
Mar dhuine?
Is cuimhin liom nuair a thosnaigh sé
An phian
1988
*Wham!*
*Bang!*
Agus níl aon stop air ó shin.

Bhí an Bíobla á léamh agam
agus pint *cider* sa láimh eile agam.

Dúrtsa leatsa
Toil Dé – sin é atá uaim a dhéanamh
Agus mhalartaíos an *cider* ar phiollaí agus pian.

Naoi bpiolla isló
Instealladh gach mí
Mo cheann cosúil le canna stáin an tincéara
Briste, brúite, bataráilte.

Cá bhfuil mo thriall?

N'fheadarsa.

N'fheadar éinne.

Táim sínte siar sa leaba
Cupán tae i láimh amháin agus
An Bíobla fós im' láimh eile
Ag impí ort do chlóca a chur timpeall orm
Agus mé a shábháil uaim fhéin.

**Réalt Bheithil**

Dúisím
Corraithe
Clúdaithe in allas
Na bairrlíní báite
Táim ar crith.

Feicim feithid ollmhór
Ar an bhfalla
Os mo chomhair amach
Oráiste is dubh
Súile móra air
Oh!
Teastaíonn uaim é a mharú
Ar an spota!

Ní chorraíonn sé
Ní chorraímse ach an oiread.

Lasann solas lasmuigh dem' fhuinneog
Ach níl sé ceangailte le haon sreang
Cuireann sé réalt Bheithil
I gcuimhne dhom
Ag caitheamh a scátha
Ar an bhfalla laistigh.

Éirím óm' leaba
Agus cuirim mo dhá láimh
Mórthimpeall an strainséara
Tóg bog é…tóg breá bog é…

Scaoilim isteach i ndorchadas na hoíche
An leamhan
Buaileann sí i gcoinne an lampa
Agus múchann sí.

## An Fanacht

Tá seanfhear agus a bhean chéile ag an ndoras.
Cad tá uathu san?

"An bhfuil seomra agat dúinn?
Déanfaidh aon rud sinn
Tá mo bhean traochta".

Ní rabhas róshásta ach
Thugas seomra dóibh agus eochair...

"An bhfuil aon tseans ann
Blúire bídh d'fháil di seo...
Tá sí tugtha..."

Chuireas pus orm fhéin ach ansan –
Thánag ar mhalairt aigne.

Tuigim anois, a Athair!
Táim ag féachaint orm fhéin is mo chéile
Nuair a bheimid críonna
Beidh an fear a chuirfidh tú im' threo
Chomh cneasta agus chomh séimh
Leis an seanlad
Atá os mo chomhair amach!

Thugas seomra saor in aisce dóibh
Agus líonadar a mboilg ar maidin.

D'fhágadar mo thigh go sona sásta
Agus fuaireas pictiúr den mbeirt acu
Sular imíodar.

Tá sé suite in aice
Mo leapan agam.

**Cá bhfuil Íosa?**

Táim sceimhlithe im' bheathaidh!

Ní theastaíonn uaim
Éirí amach as mo leaba
Inniu.

Beidh gach éinne ag féachaint orm
Ag caint fúm
Fair!
An milliúnaí!
An t-amadán!

Ise fé ndear *September the Eleventh*
Ise fé ndear gur cailleadh m'fhear céile
Ise fé ndear an *crash* a bhí ag m'iníon.

Ach cad tá le déanamh agam?
Caithfead maireachtaint ó lá go lá
Caithfead bia a ithe, tae a dh'ól
Caithfead labhairt le daoine
Agus ligint orm go bhfuil gach aon ní ina cheart.

Sin é atá ó Dhia;
Labhraim leis sin
Tá san fuirist.

Nuair a thána amach as an Séipéal
I mBaile Riach tar éis
Aifreann na maidine
Domhnach Cásca
Chonac mo sheanathair agus a chaipín san aer aige
Maide aige agus madra gan éifeacht agus caoirigh.

Chabhrínn leis na caoirigh a thabhairt anuas ón gcnoc
Nuair a bhíos óg…

Ach tá mo sheanathair sa chré
Le fada an lá
Agus tá a chaipín
Crochta ar thairne laistiar den doras tosaigh
Ag baile
Boladh *hair-oil* uaidh…

Boladh suaimhneach…
Cumhra aoibhinn m'óige.

Cad a dhéanfad in ao' chor?
Braithim íseal nuair nach féidir liom obair.

Braithim níos fearr nuair a bheirim ar pheann.

Tugann sé faoiseamh dom.

Faighim faoiseamh leis as an léirmheas,
A fhaighim óm' chara
An tAthair Pádraig.

A Dhia na Glóire
Tóg anuas den gCros seo mé.

Táim crochta anso le nach mór fiche bliain
Ag féachaint amach ar an bhfarraige
Éanlaithe mar chairde agam
An bóthar titithe anois ag cuairteoirí ag gliúcaíl orm.

Caithin a thiocfaidh deireadh leis?
Caithin a chríochnófar an *jigsaw?*
Is ag Dia amháin atá a fhios.

**Foighne**

Teastaíonn uaim labhairt leat
Tá mo chroí briste agat
Ach ní tusa fé ndear é
Mar n'fheadaraís a mhalairt.

Tánn tú curtha in airde ar *phedestal* agam
Agus gan mórán aithne agam ort
Chun a bheith fírinneach
Níl fiú do shloinne ar eolas agam
Ach
Tá rud éigin istigh ionam;
Tá greim aige ar mo chroí.

Rud éigin doimhin
Rud éigin diamhair
Rud éigin nach bhfuil daonna
Rud éigin ó shaol eile.

Eitlíonn colúr bán anuas ós na scamaill
Teachtaireacht ina bhéal aige dom.

Bead ábalta é léamh
Lá éigin…

**The Boy from Sweden**

I feel so alone
Now that you're gone
I miss the way
You used to
Look at me
Your soft baby-blue eyes
Staring into my black soul
Your strong face
Telling me that it was ok to cry.

I cried with delight
On the inside
When your hand touched mine
But outwardly
I snapped my hand away
Face alight
Too quickly from yours
And you apologised
You said "I'm sorry"
But why?

I'm the one who's sorry
I was ashamed.
Love doesn't visit people like me
Or so I thought...

Now I'm wondering
How my life would have been
If I had left my hand be
Be near yours
But I will never know
For you left for good
Without a kiss goodbye
Without even a wave
Of your handsome fist.

**The Shroud of Turin**

My heart is like a sponge
I soak in the love you give me
And then you squeeze
The life out of me
Flirting with bright young things.

Red blood seeps through my pores
Covering my pale body
I'm dying inside
Liquid in my tears
Streaming down my face
Out of every orifice.

But you care less...

You throw me a cloth
I wipe my face
The crimson image
In stark contrast
To the me
Of yesteryear
Will you leave me bleed to death?

## Words

This house needs other voices
Resounding from wall to wall
Up and down the stairs
Tumbling from step to step
Bouncing off the floor
Hitting the ceiling
Hitting me on the head!

Pushing me out of the comfortable hole
Which I have dug for myself.
Shouting: for God's sake – live a little!
Get out and laugh.
Laugh 'til your belly hurts
And share your laughter with other laughs.
Or cry!
Cry 'til the wells of your eyes run dry
And let someone caress you
Let somebody take you in his arms
Rest your head on his shoulders
But don't blow your nose on his jacket!

## The Robin Red-Breast

Jesus heal my broken wings
I'm the robin red-breast
Who helped you when you were hanging
On the cross.

I pulled the thorn from your crown
And a drop of your precious blood
Fell upon my breast
A sign from the Father
That he was pleased with me.

Pick me up and put me back together
Take me in your gentle hand
Feed me, stroke me, caress me.

Lay me gently within your open wound
And let me lie there
In the stillness of your being.

Cover me with your purple cloak
And let me sleep until my poor crocked body
Is healed.

When I'm well again, I promise you
That I will fly against the soldiers
Who cast lots for
Your Holy Cloak.

I will travel the world
Rejuvenated
Singing your praises once again.

Soldiers will stand still and look to the sky
Crying out for forgiveness
Turning their backs on plunder and rape
Making old codgers of politicians
Wish they'd never been born.

I'm not afraid to sing
I will pick the log from their eyes
And if they break my wings again
I will fly unto You

And hide beneath your precious cloak
Until the tempest passes.

Your holy blood has saved me.
I can sing my song
For eternity.

**Blinded by Love**

The clouds are gathering
Sweeping past
Brushing against my cold skin
I'm on top of The Binn Bhreac
Searching for Life's True Love.

But he's not here.

I look at the tattoo
On the back of my hand
A picture of the back of a postman
His empty sack on his shoulder
A painful sight;
He's encircled by a map of the globe
He's riding into the sunset
Oh! The pain...

My empty heart lies in his bag
He stole it from me when I was seventeen
I'm still blinded by the love of him.

The clouds are thickening
On the top of The Binn Bhreac.

I wish I could see
I stumble across furze bushes and hard stones.

Oh God help me...
I wish I could see.

**The Statue**

I'm not made of stone you know.
I'm scared too.
Because I'm either very sick or very well.
If I'm very well…I'm afraid…
Because of what the future
Holds for me.

There will be big changes in my life.
I have no idea of what will happen
But you do.
I can see it in your face.
You're hiding something from me.

I'll be rich and famous and married.
I won't be on my own anymore.
I won't be writing poetry
I won't have time!
I'll have five kids
And instead of crawling into bed early every night
I will be sharing my life
With a man I don't even know.

I will have peace of mind
And peace of soul.

That's if I'm well…

If I'm ill
It's another visit from
The man with the white coat
Stonyfaced.
I will follow
As he leads me
Right back into Hell.

**A Stranger is a Friend**

What am I meant to do without your love?
It's not easy for me.

My wedding dress is diamond white
It's hanging in the shower.

The steam is good for it
It lay in that rucksack
Far too long.
Story of my life
Dyed pearly pointed slippers
Something borrowed
Something blue.

A stranger carries my veil
My face hidden from view.

As I walk up the aisle
We exchange vows...

A stranger asks
What do your parents think
They're fine about us
I say...not very convincingly...

A stranger toasts
The bride and groom
Then the bridesmaid.

We clap
It's over
Oh! I owe so much to strangers.

After all
Strangers are friends
We're waiting to meet.

**My Whispering Willow**

As I light the bonfire
The wind brushes against my ear
I hear a whisper
Stand back from the flames...

How many times have you whispered to me?

I hear you in the mornings
When I'm desperately trying...
To lift my head off the pillow.

There are days...
When I don't feel like even...
Washing
But then you whisper
*Get that coffee down*
*and face the day with a smile.*

And I do as you bid me to.

I look in the mirror and though sometimes...
I don't like the look of the person
Looking back at me...
You're there, too...
Looking over my shoulder,
Smiling...

And I smile 'caus' you remind me...
That God commands you to watch over me
And I know I'm safe
And I'm grateful for another day
Together
With my Whispering Willow.

## Africa

Big eyes
Stare back at me
A skinny body
Flesh hanging loosely.

Flies hovering around
A hard slice of bread
In the hand
Even the flies won't touch...

The colourful dress
Catches my eye,

But that's not enough...

Big deal, I mutter
As I glance behind her.

Hundreds of God's People
Sitting on the dry earth.

Solemnly sitting
Eyes watching me.

Oh, God – what are they thinking?

A proud people
Silently sitting
Waiting to die.

I feel ashamed...
For admiring
Her attire.

## The Waiter

I sit at the table,
Sipping coffee
Cursing you.

This coffee's too hot
And the cup is filled to the brim
You did it on purpose,
I know you did.

And now I can't drink it fast enough
To get away from you
Not because I hate you
But because I love you...
You silly sod!

One night The Holy Spirit descended on me
Hit me...bang...
Out of The Blue.

And I fell head over heels
In love with you!

And now I'm scared...
Scared I will make a fool of myself
In front of you.

My hand is trembling
As I lift the steaming cup
To my lips...

O God,
Don't let me spill it...
I think it's time for another panic attack...
And a scone...!!

## You Made Me A Promise

You made me a promise
Telling me
You'd come back for me
On your Black Stallion
The Black Nite
In shining armour.

I waited and
I waited but
Only the swallows came
And went.

I asked one of them
Have you seen
My One True Love?

But she dipped low
And flew away…

A bad omen
A sign of rain
Not that you ever
Remembered me.

Not even a post-card
A letter would have
Been nice…
Why couldn't you have
Emailed me…
It wouldn't have cost you a penny
Or a thought.

My poor poor heart
Broken
Into smithereens.

And there was nobody there
To pick up
The pieces
So I did it myself.

Catching each little splinter
With my bare hands

Blood flowing
Like a swollen river
I dipped my hands
In the warm waters
My cares
Mingled with the crimson colours
That swam down the stream
Into the lake.

The swallow flew low again
Warning me not to get too close
But it was too late for me
Not even you
Could save me now.

I felt water gushing
Into every crevice of
My being
Then over my head
Peace
In the darkness
The aching gone
Calmness filling my being
I think
I must be in Heaven.

**The White Stallion**

What's happening to me?

I see pools of blood
In front of my eyes
It scares me.
Make me smile today...
Write a song for me...

As I walk
The Golden Mile
I'm terrified.

People pass me by in cars
Throwing dirty looks at me
Throwing dirty cans at me.

What's wrong with them?

They're mad
Mad in the head.

And then there is...
the White Stallion in The Meadow.

Suddenly - he starts rolling in the grass!
Performing for me!
Turning left, turning right
Legs in the air
Showing off!

He makes me laugh!

He gets up, and races
Round the field
Snorting, fired,
Wired to the moon.

I'm fired too
Just looking at him.

He comes to where I'm standing
Nuzzles my face,
Kisses my eyes

I love you, White Horse
He winks at me
And I think…why not…!

So I jump on his bare back
And we travel the Golden Mile
Together.

**The Little Robin**

The little Robin flew down
From the ivy bush
I sat silently on the chair
Near the glass door
Watching
Waiting.

He fluttered about
And finally landed
In Rex's bowl.

He pecked and pecked
To his heart's content
Rex looked on, smiling to himself.

If only humans could live
In such harmony
Rex is a laid back four-legged furry friend
He wouldn't hurt a fly
He's kind and it shows.

Once he allowed a hedgehog
Who had been hibernating
Within the stone wall
Drink water from his bowl.
The humans never knew the prickly animal
Was even in the garden
Until the sun shone, one day,
And he sauntered out.

Humans think Rex is an airhead.
I know he's not.
I'm The Robin Red-Breast.
I can see into my friend's head
Sometimes he's shy
Sometimes he barks
He doesn't like the crow
He's too cheeky
And the cawing drives him mad.

Every night I stand outside Rex's kennel
And I sing him to sleep.

He's grateful
He snores a bit but that's fine too -
Nobody's perfect.

Then I fly back to my nest
Back to my gearrcachs*
In the ivy bush
And I relate the happenings
Of my day
To them.

But they're just interested in worms.


* fledglings

**The Thief**

My heart is breaking
Though it is still whole
I put my hand to my chest
And I can feel the blood
Racing to my brain.
How I wish I could release
The serotonin that's in my head.

Coffee would do it
Xanax would do it
Chocolate would do it.

But I prefer a kiss
A light brush against my skin
A kiss on the hand
A kiss on the lips
Butterflies in my stomach.

Look at him!
Leaning against the statue of the angel
At the back of the Church
He's eighteen my friend said
A turnip head she said!
I laughed at her
A *Gáire Sheáin Dóite* kind of laugh.

I love his long blond hair
I love his Yankee baseball cap
I love his gypsy soul
A student from SHU in Connecticut.

I linger in my pew until the Church is nearly empty
He's still standing there
I can see the angel
Ready to loose one of her wings.

I glance shyly at him as I leave
He sprinkles Holy Water at me and smiles kindly at me
His baby blue eyes sparkling like diamonds.

I think to myself:
"You stole the stars from the sky;

You're good at that
You stole my heart"

"Ar mhaith leat dul amach liom?" he said
Teasing me.

My face is fiery red like the sun
"Would you like a coffee" he said
A cheeky look on his face
Trying to be serious
"Yeah" I said
Trying to be cool.

"Cool" he said
And we both walked up Green Street
Together.

## The Viper

Her long red hair
Falls around her face
And her long, white face is taut…
Filled with anger.

I avoid her
For as long
As I can…

I drink my coffee
And share a laugh
With my friend.

But the viper is watching me
The forked tongue
Ready to pounce.

I tell my friend the story
But she isn't
Listening to me,
Too caught up with
Her own worries…

That's life.

I leave by the back door
Not ready
Just yet
For a confrontation.

I'm reminded of the saying
"she who fights and runs away,
Lives to fight another day"

I see the viper
Slithering off
Into the distance
And I catch my breath.

**The Big Exam**

I'm tortured by demons
I know nothing about
I'm sorry God if I've been a bad person
In another life
I can't remember any more.

I wake up every day
And there is a weight on my head;
It isn't getting any lighter
And I'm growing old...

Old and weary
And all alone.

I'm jealous of the others
The family life, the kids, the laughter
God didn't intend that kind of a life for me
Obviously, He had other plans...

I can't resign myself
To the fact that I am going to be miserable
For the rest of my life.

If that would be the case,
I want out
I want to leave right now.

God has other plans
Surely?

Then as I write I find an overwhelming
Sense of peace
Coursing through my veins.

I think of all the good times I've had
The fun and games,
The sun shining through the mist,
The pot of gold at the end of the rainbow.

I've discovered what's in the pot;
It's not gold,
It's not silver,
It's not even coppers,

Shhh! The secret…?
It's lead
And its wood
And nobody better than I
Can tell of it's importance
To me.

I'm free when I take a pencil
In my hand.

The demons vanish
When I open my copybook
I hear about the pressures
Of the Leaving Cert.

The teacher walks into the classroom
And with pen in hand
I'm ready to take on the world.

## Carefree Days of Youth

The snow falls lightly
On my dark-brown mousy hair
It makes me feel like a young girl.

I am a young girl in my heart
And I will never grow old.

I hear me Grandad whisper to me
Though he's dead these past ten years.

All thru' he used to meet the bus
No matter what the weather
With a coat in his hand
A smile
And a hug.

I used to run down the steps of the school bus
To greet him.

I'd throw my bag at him
Laughing
And then I raced back the bothreen
And he would pretend to catch me!

Then he'd give up
Wave his cap in frustration
And curse
And he'd follow me back the road
A big smile
On his weather-beaten creased face.

## The Funky Dunky

Hey look!
It's the Funky Dunky.
Why is that parachute tied 'round your belly?
Where have you come from?
Down from Heaven – I'd say
But you don't have a cross on your back

That's a myth.

The donkey who brought Jesus into Jerusalem
Didn't have a cross on his back
Donkeys with crosses are donkey wannabees!
They are jealous of you
You are holy in your own way
Your hoofs are golden because they walk on holy ground.
Your tail is made of silver.
No fly would dare land on your back.

My nickname for you is Sunny.

The sky is blue when you're in town.
The sun shines.
A glorious day when you strut your stuff.

You rise your head and bray
Calling on nature to bow before you.
The trees do as you bid them
Frightened that if they don't obey you
That you will disappear
And allow the hurricane free rein
Uprooting everything in it's path...

What would I do without you?
Who would bring me my messages?
I would be lost without my Funky Dunky.

Put on your marigold hat and we'll hit the road.
Make music while the hay shines...is our motto.
Let's dance down the Golden Mile
And you can throw your golden hoofs
To the wind.

## My Helper

I must Let Go and Let God
Show me the way
I'm coming to the end of the line
And it's alright.

I depend on you too much anyway.

I ask you to sort out my finances
My mistakes
My white lies
Covering deceit.

But you live in my imagination
You're a spirit,
A ghost.

Sometimes I think you're real
And I'm glad to be alive.

Sometimes I think you're real
And I wish I was dead.

And when I'm happy
It's down to you too
Who are you?
Where are you?
Why do you hide from me?
Show yourself
Before I lose my head.

**Death**

For some people death
Is dreary and dark
It knocks on the wooden door of a cottage
With it's large shillelagh
Bang!
Bang!
Bang!
A frightened little grey-haired woman
Throws Holy Water on the Black Shadow
Of the Grim Reaper
But...to no avail.
It whisks her off to
God knows where.

Others think of death
As a carnival
The coffin
Lying in state
On the wooden barge
Lazily, lulling down the Mississippi
A feast of food on board
Black hands singing and clapping
The Alleluia
Praising and cheering
God knows who.

I think of death sometimes too
When my time is up
A little girl, dressed in pink
With the softest duck-down wings
Will carry me off to a garden of rainbow-roses
She will place a garland of flowers around my neck
The sweetest nectar, the most beautiful perfume
In preparation to meet with
The God of my dreams.

**My Aunt Is A Gem**

Two beams of light
Shine from his heart
One blue
One red
He gives me a wave
No big deal
His long hair
Falls down his back
His beard is neat and tidy.

His picture hangs on the wall
Of Gairdín Mhuire.

Aunty drinks her soup
Today she celebrates
Her ninth birthday
She's a little confused
She asks me about her brother Mike
Is he dead or alive
I tell her he's in Heaven.

She looks at me
Her blue eyes as bright as
Two blue buttons
"Do you see that picture hanging there?" she asks me
"How in the name of God do they know
What he looks like?...
Sure there were no cameras in Jerusalem
Two thousand years ago?"

I smile at her
Another gem I say to myself.

She never lets me down;
I take her hand
Her eyes gloss over
And I give her a fine big slice
Of her creamy birthday cake.

## Santiago de Compostella

There are gale force winds
Slashing against my window
I'm tucked up in bed
Safe in the knowledge
That I'm not lying in the gutter
Of the trail that leads to The Camino.

I spent the day back in Clogher;
God's face a reflection of the raging winds,
Mannanán's swollen face
Crashing against the rocks
Relentlessly.

I felt drawn towards the waves
As if the Jeanie Johnston was calling me;
But I'm glad I'm not sailing today
I'm not sure about my friends
Are they brave or foolish?

The ship sails on May Day.
A wonderful adventure for some
A week of vomiting for others.

I pray the pilgrims will be able to endure
The galloping unicorns.
I hope these magical creatures will guard
These mariners;
That the Dingle pilgrims may ride
On the backs of the sea-horses
And light a candle at James' tomb
For their loved ones back at home.

**The Pres Girl 2007**

I walk through the Díseart Gardens
A sandwich and a bottle of Fanta
In my schoolbag.
Up in the corner of the field
I see my friends
Laughing
Giggling
Talking about boys and things;
They're having a picnic
The sun splitting the stones
Not long now to The Leaving Cert.

I pass the Sisters' Graveyard
And stop a moment
And say a little prayer.

The old copper beach tree reminds me
Of the hands of God
Stretching out forever
Protecting the world.

I break of a tiny twig
And put it into my satchel
The aroma from the lilies is overwhelming.

I walk along the path
My friends shouting at me to join them.

Ignoring them I make my way over
To the beautiful statue of The Sacred Heart
His arms outstretched
Waiting for me.

I put my hands on His poor wounded palms
And the tears start to flow.

I beg him to take away the pain
The tumour in my brain
I tell Him:
"You cast out seven demons
From Mary Magdalene,
I'm begging You
To do the same for me"

The invisible tumour
Which the doctors can't see.
The proper term is mental illness.

I can't function like this for much longer.
I'm The Great Pretender
But I can't give up...

I follow the path towards the laughter
And kneel on the dewy grass
Sharing stories about our school days
Forlorn by the fact that we will be
The final L.C. students of the Convent
Promising to meet up and
Never to loose contact with each other.

I can see the red heart of The Sacred Heart
Pulsating
Telling me that everything is in His Hands
And I keep my secret in my heart.

## The Third Secret

I look at the beautiful statue
Of the gentle Mary
And my heart melts
At the sight of The Golden Sun
A bullet placed in Her golden crown
And it makes me wonder
Do we really know the secret
Or is it with Lucia in the grave.

Mary is more beautiful
Than any celebrity.

Kate Moss doesn't get a look in…
In our world obsessed
With looks and wealth.

Everybody ages
Elizabeth Taylor,
the Black Beauty
Of The Golden Screen
Has become aged and incapacitated.

Nothing to be ashamed of
It's a fact of life.

Nobody,
Not even The Celtic Tiger
Can produce the Fountain of Youth.

Mary's beauty never changes
She remains a girl of eighteen
Whether she's a white girl in Fatima
Or a black girl in Africa.

Her secret lies with the hand of Her Maker
In Heaven.

The Great John Paul was an able-bodied man
When the Turkish bullet penetrated his body
On May the Thirteenth
The bullet zigzagged through his flesh
Barely missing his heart
Guided by the gentle hands of The Silver Moon.

Is this really the Third Secret of Fatima?
Or maybe not…

Will the future lamb clothed in a white robe
Be martyred?
Because of our celebrity worshipping society
Or will life go on as normal?

I believe the answer lies with Mary
She will protect her children
Young and old
To the death.

She promises to take each one of us
In her arms
She won't give up until the last soul
Is saved.

Thank You dear God for choosing
The Golden Sun
The Silver Moon
When bringing about our salvation.

**Be Not Afraid**

Thoughts are festering in my head;
I put the hoover to my ear
In a frantic bid to suck them out.

Life isn't fair.

I didn't ask for this but it happened.

Will it end on New Year's Eve?
Or maybe on Valentine's Day...
I might feel better on my birthday
Or will the cuffs be removed
For Independence Day?

I look at the calendar
I have days marked out
But days come and go...

I remember John Paul's words
"Be not afraid"
They say: courage is fear holding on a minute longer...

I let go the branch
And I somersault through the air
Freefalling –
Not knowing where I'll end up
Not caring –
For the first time in my life.

## Céad Línte na nDán:

'Sé seo an saol   15
As I light the bonfire   92
Bhíos ag obair aréir san oifig   66
Bhíos ann ar feadh dhá bhliain sarar dhún sé   34
Bhuaileas leat seacht mbliana ó shoin   60
Big eyes   93
Braithim go huafásach   47
Braithim uaim tú, a chroí   24
Cá bhfuileann tú uaim, a chroí   69
Cad a cheapann tú?   18
Casaim ar siúl an raidió [Bulimia]   32
Casaim ar siúl an raidió [An Leigheas]   55
Ceapann daoine gurb é an bás an deireadh   30
Cén sórt saoil é seo agam?   31
Chonacsa an grianghraf   25
Cloisim céimeanna   57
Crochadh Íosa ar an gCrois   42
D'éirigh an ghealach ghorm   36
D'fhágas an tigh i gcoinne mo thola   39
Dá gcaillfinn tusa   63
Deireann tú liom go dteastaíonn uait   70
Dúisím   79
Éirím amach as mo leaba go mall   65
Féachaim amach an fhuinneog   75
For some people death   109
Her long red hair   103
Hey look!   107
I feel so alone   84
I look at the beautiful statue   114
I must Let Go and Let God   108
I saw the photograph and   26
I sit at the table   94
I walk through the Díseart Gardens   112
I'm not made of stone you know   90
I'm tortured by demons   104
Is cuimhin liom go maith   67
Is fuath liom tú   33
Jesus heal my broken wings   87
Led' theangain líofa   53
My heart is breaking   101
My heart is like a sponge   85
Nach breá an saol atá agam   77
Ní féidir liom codladh anocht   13
Ní thuigim an phian seo…   78

Níl ach píosa de d'aghaidh dhubh le feiscint     9
On a night like this     50
Seasaim go tapaidh ar sheanathornap lofa     37
Siúlaim cosnochta ar an ngaineamh cruaidh     44
Siúlaím timpeall bhaile an Daingin     61
Siúlaim tríd an gcoill     8
Siúlann tú timpeall sráideanna Boston     41
Tá an deireadh tagtha     14
Tá bliain ann ó chonac do phictiúr     17
Tá bronntanaisí na Nollaig ceannaithe agam     72
Tá cara mór maith agam     10
Tá crampaí im' bholg     28
Tá eagla orm anois     71
Tá rud éigin bunoscionn     58
Tá rud éigin bunoscionn     59
Tá seanfhear agus a bhean chéile ag an ndoras     80
Tagann an galar chugam     54
Táim briste, brúite bataráilte     46
Táim istigh sa tseomra liom féin     45
Táim sceimhlithe im' bheathaidh!     81
Táim suite anso     22
Táim suite lastigh den bhfuinneog     20
Táimse breoite den saol seo     48
Tánn tú ag seasamh cosnochta     19
Tánn tú chomh lán suas díot fhéin     52
Tánn tú ró-chineálta     27
Tánn tú suite ansan     12
Teastaíonn uaim labhairt leat     83
Teastaíonn uaim thú a thógaint im' bhaclainn     29
The clouds are gathering     89
The little Robin flew down     99
The snow falls lightly     106
There are gale force winds     111
This house needs other voices     86
Thoughts are festering in my head;     116
Titeann an sneachta     73
Two beams of light     110
What am I meant to do without your love?     91
What's happening to me?     97
You made me a promise     95